Noha Baz

La Mélasse de Grenade

une épopée levantine

Texte et recettes : Noha Baz
Illustration : Florence Cointreau

les petits soleils

FSC
www.fsc.org
MIXTE
Papier issu
de sources
responsables
Paper from
responsible sources
FSC® C105338

À mon père pour qui la mélasse de Grenade était inséparable d'une bonne table levantine.

À Thomas qui a pris le relais aujourd'hui et qui porte une passion à ce concentré de bonheur.

À toi, enfant du futur Liban

À toi, enfant du monde

D'où que tu sois

D'où que tu viennes

Comme les graines de la grenade, innombrables et cachées, je te souhaite de voir éclore en mille couleurs Tes rêves qui grandissent en silence

Porte en toi la force et la beauté de ce fruit ancien, symbole de vie, de résilience et d'espoir.

Que chaque jour soit pour toi une nouvelle promesse,

Une découverte de tes richesses

Et un chemin sûr vers l'avenir que tu bâtiras meilleur j'en suis sûre

Que celui d'aujourd'hui

Puisses-tu, comme la grenade, rassembler autour de toi la justice et la générosité, la paix et la prospérité, pour toi et pour ceux que tu aimes.

"La vie est semblable à une grenade mûre : ses secrets ne se révèlent qu'à ceux qui ont la patience d'en apprécier chaque grain."

Al Firdawsi
Le livre des rois

"À l'image de la grenade, que chaque vie soit pleine, que chaque cœur renferme des trésors à offrir au monde."

Al Firdawsi
Le livre des rois

La mélasse de Grenade

Ingrédient essentiel dans la cuisine levantine, particulièrement utilisée au Liban, en Syrie et en Palestine, elle est obtenue en réduisant lentement le jus de grenade jusqu'à obtenir un sirop épais, foncé et acidulé. Son goût unique, à la fois sucré et acidulé, en fait un ingrédient prisé pour ajouter de la profondeur et de la complexité aux plats.

Au début était la Grenade

Un fruit extraordinaire avec des propriétés nutritionnelles exceptionnelles. Faible en sucre et en calories il est très riche en tanins et antioxydants, principalement des polyphénols comme les flavonoïdes, qui participent à la protection des cellules du corps contre les dommages oxydatifs causés par les radicaux libres. La mélasse de grenade peut contribuer ainsi à réduire l'inflammation dans le corps, ce qui pourrait être bénéfique pour les personnes souffrant de maladies inflammatoires chroniques. Très riche en vitamines et en minéraux :

Vitamine C et vitamines du groupe B, du potassium qui aide à la régulation de la pression sanguine et à la protection des vaisseaux sanguins. La grenade, et par extension la mélasse de grenade, contient des fibres solubles qui peuvent aider à améliorer la digestion et à soutenir la santé intestinale.

La Grenade et la mélasse de grenade présentent des effets cardioprotecteurs aujourd'hui reconnus. Leurs tanins et leurs polyphénols peuvent aider à améliorer d'une part la circulation sanguine et d'autre part à réduire l'oxydation du cholestérol LDL que l'on appelle couramment le "mauvais" cholestérol.

La symbolique de la Grenade

En raison de sa capacité à survivre dans des climats secs et arides, le grenadier est un symbole de vie et de survie. Le fruit à l'écorce dure et difficile à éplucher se mérite et incarne dans tout le Proche-Orient la patience et prône la persévérance. Sa capacité à prospérer même dans des conditions difficiles est souvent cité comme une métaphore de la vie.

Dans la maison d'Alep, les deux grenadiers du jardin le « Reman Lafan » variété à la peau rouge écarlate et aux fruits acides, et le « Reman Helou » aux fruits couleur jaune orangé et à la saveur douce sont plantés côte à côte, véritable chant de la terre et allégorie de la vie dans laquelle se côtoient comme le disait si bien mon grand-père Léon, la douceur et l'amertume.

Ces grenadiers ont tenu tête à une décennie de guerre et sont toujours présents aujourd'hui. Ils continuent à fleurir et à produire de magnifiques fruits chaque début d'automne. Ils ont résisté à la guerre et aux privations et leur feuillage reste comme tous les grenadiers, vert toute l'année.

La grenade, souvent associée aux valeurs de vie et de renaissance, a été célébrée à travers mythes, multitudes de textes descriptifs poétiques et religieux, ainsi qu'innombrables traditions populaires à travers le monde.

Dans la mythologie grecque, le mythe de Perséphone relie la grenade au cycle des saisons et au thème de la renaissance. Perséphone, déesse de la végétation, est emmenée aux Enfers par Hadès et mange quelques grains de grenade, symbolisant son attachement au monde souterrain, établissant un lien entre la grenade et l'idée de renaissance et de renouveau.

Avec ses dizaines d'arilles bien serrées, la grenade incarne dans de nombreuses cultures l'abondance, la féminité et la fertilité.

Sa vocation, au vu de sa constitution, est de réunir.

Une des traditions solidement ancrées au Levant veut qu'elle soit offerte à un jeune couple le jour du mariage en signe de bénédiction, pour lui souhaiter d'avoir de nombreux enfants et de vivre dans l'abondance.

La grenade est célébrée avec une symbolique différente selon les religions. Elle demeure fédératrice par son message universel de solidarité, de prospérité et de générosité.

Dans la religion chrétienne, la grenade est un symbole de résurrection et d'unité spirituelle, souvent associée à la Vierge Marie. En raison de ses graines étroitement liées, elle incarne également la communauté des croyants, unis dans la foi.

En Arménie, la grenade est devenue un symbole national évoquant l'identité, la culture et l'histoire du peuple arménien. Ses graines nombreuses sont souvent interprétées comme une métaphore des Arméniens dispersés à travers le monde, tous reliés par des racines et une culture commune. Pour ce premier pays à adopter le christianisme comme religion d'État au IVe siècle, la grenade prend aussi une signification spirituelle. Elle est souvent vue comme un symbole de résurrection et de vie éternelle. Dans l'art et l'artisanat arméniens, la grenade est souvent représentée comme un motif central, que ce soit dans les gravures, les sculptures, les bijoux, les tapisseries, et même dans l'architecture des églises.

"Il n'y a pas de graine dans une grenade sans qu'elle ne contienne une goutte des eaux du Paradis".

Dans la spiritualité musulmane et la culture islamique en général, la grenade est un fruit noble, chargé de symbolisme et mentionné dans le Coran comme une bénédiction d'Allah. Avec ses graines rassemblées dans un même fruit, elle symbolise l'unité dans la diversité. Chaque graine est perçue comme une entité individuelle, mais toutes sont unies dans le fruit. Cette image reflète l'idée de la « Ummah », la communauté des croyants dans l'islam : des individus uniques mais réunis sous une même foi.

Associée à la beauté de la création divine, à l'abondance et à la pureté, citée trois fois dans le Coran dans des versets qui célèbrent les dons d'Allah pour l'humanité, la grenade est mentionnée comme symbole des bienfaits divins.

Dans la tradition juive, la grenade est un symbole de l'amour et de l'importance de la famille. La grenade incarne la persévérance et la capacité de prospérer même dans des conditions   difficiles.

Dans la tradition bouddhiste, la grenade fait partie des "trois fruits bénis", aux côtés de la pêche et du citron, et est considérée comme un don de l'univers pour ses propriétés nourrissantes et régénératrices.

La grenade, avec son écorce extérieure austère qui cache une multitude de grains lumineux, est devenue un symbole de la beauté intérieure et de la richesse cachée de l'âme. Mine de rien, elle indique l'importance de savoir regarder au-delà des apparences.

Avec sa couleur rouge intense, la grenade est souvent associée également à l'amour et à la passion.

Au Moyen-Orient, elle est célébrée à travers les contes et les poèmes; Associée à la fidélité, elle symbolise des sentiments intenses et profonds.

Fabriquer la mélasse de Grenade

La fabrication de la mélasse de grenade est relativement simple mais demande du temps : les fruits sont d'abord égrainés sans laisser la moindre membrane qui donnerait de l'amertume.

Dans un premier temps, le jus de grenade est obtenu en pressant les graines ou arilles du fruit.

Le jus obtenu est ensuite mis à bouillir pendant plusieurs heures jusqu'à ce qu'il donne un sirop épais et concentré sans absolument aucun ajout et en perdant jusqu'à sept fois son volume. À l'arrivée, on obtient un liquide épais avec une forte acidité, équilibrée par la légère douceur naturelle du fruit, une mélasse goûteuse qui se conserve des années.

La mélasse de grenade est largement utilisée dans divers plats du Levant, que ce soit pour des préparations salées ou sucrées. Ses caractéristiques sucrées acidulées sont particulièrement appréciées pour rehausser les saveurs.

Marinades : Elle est souvent utilisée dans des marinades pour la viande, notamment pour le poulet, le bœuf ou l'agneau.

Ingrédient clé dans des salades comme le Fattouche (une salade levantine avec du pain pita grillé dont la recette se trouve plus loin, elle y ajoute une acidité qui équilibre les saveurs des légumes frais.

Les Recettes

Vinaigrette à la mélasse de Grenade

Pour 6 personnes

Elle habillera toutes vos salades vertes en leur donnant subtilité et caractère. Très simple à réaliser vous pourrez la garder plusieurs jours au frais.

Ingrédients

2 c. à soupe **MÉLASSE DE GRENADE**

4 c. à soupe **HUILE D'OLIVE**

1 c. à soupe **JUS DE CITRON**

1 c. à café **SEL FIN**

1/2 c. à café **POIVRE DE JAMAÏQUE OU POIVRE DOUX**

Préparation

1. Mélangez les ingrédients dans un bol.
2. Dégustez avec vos salades.

Mélasse et légumes

Une étreinte toujours réussie

La Levantine

Ses couleurs ravissent les yeux, ses saveurs enchantent le palais et le cœur. Ce Tabboulé à la betterave et à la mélasse de grenade, devenu un hit à la maison, mélange les souvenirs et l'inspiration.

Ingrédients

150 G **BOULGOUR BLANC FIN**

2 **BETTERAVES CUITES ET COUPÉES EN PETITS DÉS**

1 **BOUQUET DE PERSIL FRAIS, HACHÉ**

5 **FEUILLES DE MENTHE FRAÎCHE, HACHÉES**

2 **ÉCHALOTES FINEMENT HACHÉES**

1 **BELLE GRENADE ÉGRENÉE**

3 c. à soupe **MÉLASSE DE GRENADE**

30 ML **JUS DE GRENADE**

5 c. à soupe **HUILE D'OLIVE**

1 et 1/2 c. à café **SEL MARIN**

1 c. à café **POIVRE DE JAMAÏQUE DIT POIVRE DOUX**

1 **POIGNÉE DE CERNEAUX NOIX OU DE NOIX DE CAJOUS TORRÉFIÉS**

Préparation

1. Mettez à tremper le boulgour en le recouvrant de 50 ml d'eau bouillante pendant 5 minutes.

2. Égouttez bien et déposez dans un récipient creux. Couvrez de 3 cuillères à soupe d'huile d'olive et saupoudrez de sel et de poivre. Réservez.

3. Pendant ce temps, coupez les betteraves en petits dés, égrenez la grenade, hachez le persil, la menthe et les échalotes.

4. Dans un grand saladier, mélangez le boulgour refroidi, les betteraves, les herbes, rajoutez les graines de grenade.

5. Rajoutez ensuite les deux cuillères d'huile d'olive, le jus de grenade et la mélasse de grenade. Enrobez tous les ingrédients en mélangeant bien. Laissez reposer au frais pendant au moins 30 minutes pour que les saveurs se développent.

Au moment de servir, rajoutez la poignée de noix ou de noix de cajou au choix et servez bien frais.

Fattouche

Pour 6 personnes

Salade emblématique du Levant, son histoire est émouvante puisqu'elle aurait été réalisée pour la première fois en 1868 dans la ville de Zahlé.

En pleine période de carême, suite aux batailles au Mont Liban entre druzes et maronites, ces derniers fuyant la montagne avaient migré vers la ville de Zahlé pour y trouver refuge.

Un dimanche après la messe, beaucoup de ces familles avaient été invitées à partager le déjeuner dominical par un notable du village de la famille Fattouche.

Des gigots d'agneau avaient été préparés pour l'occasion, accompagnés de salades de saison mélangeant herbes, laitues et tomates.

Respectant le jeûne du carme qui était de mise pour eux à ce moment-là, les maronites réfugiés s'étaient excusés auprès de leur hôte demandant à ne se servir que de salade et de pain. L'hôte avait alors demandé à ses cuisiniers de doubler la dose d'huile d'olive dans la salade et de la rehausser de sumac et de mélasse de Grenade.

À l'arrivée, un délicieux mélange qui porte depuis ce jour le nom de Fattouche et au fil des ans le pain grillé a remplacé le pain frais pour donner plus de croquant.

Ingrédients

2 **PAINS PITA COUPÉS EN MORCEAUX**

2 **TOMATES MÛRES COUPÉES EN DÉS**

1 **CONCOMBRE COUPÉ EN DÉS**

5 **RADIS ROSES TRANCHÉS FINEMENT**

1 **LAITUE ROMAINE DÉTAILLÉE EN MORCEAUX**

1 **OIGNON VERT ÉMINCÉ**

1 **POIGNÉE DE PERSIL FRAIS ET DE MENTHE FRAÎCHE, FINEMENT HACHÉS**

5 c. à soupe **HUILE D'OLIVE**

2 c. à soupe **MÉLASSE DE GRENADE**

1 c. à soupe **VINAIGRE DE VIN ROUGE OU DE GRENADE**

1 c. à café **SUMAC**

1 c. à café **SEL FIN**

1 c. à café **POIVRE DE JAMAÏQUE**

Préparation

1. Faites griller au four les carrés de pain pita. Vous pouvez également les faire frire dans un peu d'huile d'olive jusqu'à ce qu'ils soient bien dorés et croustillants. Égouttez-les sur du papier absorbant. Réservez.

2. Dans un grand saladier, combinez les tomates, le concombre, le poivron, les radis, la laitue, l'oignon vert, le persil et la menthe.

3. Dans un petit bol, mélangez l'huile d'olive, la mélasse de Grenade, le vinaigre, le sumac, le sel, et le poivre. Ajustez selon votre goût.

4. Versez la vinaigrette sur les légumes et mélangez bien pour que tous les ingrédients soient enrobés de saveurs. Juste avant de servir, ajoutez les morceaux de pain pita pour qu'ils restent croustillants.

5. Saupoudrez un peu de sumac supplémentaire sur le dessus pour la touche finale. Servez immédiatement.

Palette d'Automne :
Carottes et Potimarron à la mélasse de Grenade

Parfaites en entrée pour accompagner volailles et viandes rôties.

Ingrédients

500 G **CAROTTES COUPÉES EN BÂTONNETS**

500 G **POTIMARRON EN CUBES OU EN DEMI-LUNES AVEC LA PEAU**

3 c. à soupe **MÉLASSE DE GRENADE**

2 c. à soupe **HUILE D'OLIVE**

1 c. à soupe **MIEL**

1 c. à soupe **AIL DÉGERMÉE ET HACHÉE**

1 c. à café **CUMIN MOULU**

1 c. à café **POIVRE DOUX DE JAMAÏQUE**

1 c. à café **PIMENT D'ALEP OU DE PAPRIKA DOUX**

1 c. à café **SEL MARIN**

30 G **GRAINES DE GRENADE**

1 **POIGNÉE DE FEUILLES DE PERSIL PLAT**

Préparation

1. Préchauffez votre four à 200°C.

Préparez la marinade : Dans un petit bol, mélangez l'huile d'olive, la mélasse de grenade, le miel, l'ail haché, le cumin, le poivre de Jamaïque, le piment d'Alep, le sel et le poivre.

2. Déposez les carottes et le potimarron coupés dans un plat à four. Versez cette marinade sur les légumes et mélangez bien pour les enrober uniformément.

Étalez les légumes en une seule couche sur le plat à four.

3. Enfournez pendant 30 minutes en retournant les légumes à mi-cuisson, jusqu'à ce qu'ils soient tendres et légèrement caramélisés sur les bords.

4. Une fois les légumes cuits, sortez-les du four et laissez-les reposer quelques minutes.

Garnissez avec les graines de grenade fraîches et le persil haché.

Aubergines laquées à la mélasse de Grenade

Pour 6 personnes

Plat délicieusement riche en saveurs associant le fondant de l'aubergine à la touche fruitée acidulée de la mélasse de Grenade.

Ingrédients

3 **GRANDES AUBERGINES OBLONGUES COUPÉES EN DEUX DANS LE SENS DE LA LONGUEUR**

5 c. à soupe **MÉLASSE DE GRENADE**

5 c. à soupe **HUILE D'OLIVE**

1 **GOUSSE AIL DÉGERMÉE ET PILLÉE**

1 c. à café **SEL**

1 c. à café **CUMIN MOULU**

1 c. à café **CORIANDRE SÉCHÉE MOULUE**

1 c. à café **PIMENT D'ALEP (À DÉFAUT DE PAPRIKA DOUX)**

20 ML **JUS DE CITRON FILTRÉ**

1 c. à café **POIVRE DOUX DE JAMAÏQUE**

50 G **GRAINES DE GRENADE**

1/2 **BOUQUET DE PERSIL FRAIS POUR DÉCORER**

Préparation

1. Préchauffez votre four à 200°C. Incisez la chair des aubergines en formant des croisillons, sans percer la peau.

2. Badigeonnez généreusement la chair des aubergines avec un peu d'huile d'olive, puis assaisonnez de sel, de poivre, de cumin et de coriandre.

3. Disposez les aubergines sur une plaque de cuisson, côté chair vers le haut. Enfournez pour environ 35 minutes jusqu'à ce que les aubergines soient bien tendres et légèrement dorées.

4. Pendant la cuisson des aubergines, mélangez dans un bol la mélasse de grenade, l'huile d'olive restante, l'ail haché, le jus de citron et le piment d'Alep. Complétez l'assaisonnement avec du sel et du poivre.

5. Sortez les aubergines du four lorsqu'elles sont bien tendres. À l'aide d'un pinceau de cuisine, badigeonnez généreusement la chair des aubergines avec le mélange à la mélasse de grenade.

6. Remettez les aubergines au four pendant 15 minutes supplémentaires, jusqu'à ce que la laque forme une couche brillante et caramélisée.

7. Retirez les aubergines du four et laissez-les reposer quelques minutes. Parsemez-les de graines de grenade fraîches et de persil haché pour ajouter une touche de fraîcheur et de couleur.

8. Servez chaud ou à température ambiante en accompagnement ou en plat principal avec du riz.

Le Yalanji :
feuilles de vigne farcies sans viande
Pour 6 personnes

Plat traditionnel souvent associé à la cuisine levantine, particulièrement en Syrie et au Liban. Il s'agit de feuilles de vigne farcies appelées aussi dolmas. À la différence de la version avec viande (warak enab), le yalanji est une version végétarienne, généralement farcie avec du riz, des légumes, des herbes et des épices, puis cuit dans une sauce acidulée.

Ingrédients

200 G **FEUILLES DE VIGNE CUITES EN BOCAUX**

150 G **RIZ ROND BLANC**

2 **TOMATES MARMANDE MÛRES À POINT, PELÉES ET COUPÉES EN PETITS DÉS**

1 **OIGNON FINEMENT HACHÉ**

1 **BOUQUET DE PERSIL FRAIS HACHÉ**

1/2 **BOUQUET DE MENTHE FRAÎCHE HACHÉ**

1 c. à soupe **PIGNONS DE PIN**

1 **POMME DE TERRE DE TAILLE MOYENNE ÉPLUCHÉE ET TAILLÉE EN RONDELLES**

JUS FILTRÉ D'UN CITRON

5 c. à soupe **HUILE D'OLIVE**

5 c. à soupe **MÉLASSE DE GRENADE**

1 c. à café **SEL MARIN**

1 c. à café **CANNELLE EN POUDRE**

1 c. à café **POIVRE DOUX OU POIVRE DE JAMAÏQUE**

RAISINS SECS

Préparation

1. Rincez soigneusement les feuilles de vigne à l'eau froide pour retirer l'excès de sel, puis faites-les blanchir dans de l'eau bouillante pendant 2 à 3 minutes. Égouttez.

2. Préparez la farce :

Faites chauffer 2 cuillères à soupe d'huile d'olive dans une poêle, ajoutez l'oignon haché et faites-le revenir jusqu'à ce qu'il soit translucide.

3. Ajoutez le riz cru et mélangez pendant quelques minutes, jusqu'à ce que le riz devienne légèrement translucide.

4. Hors du feu, ajoutez les tomates coupées en dés, le persil, la menthe, les pignons de pin, les raisins secs, la cannelle, le poivre d'Alep, du sel et du poivre. Mélangez bien.

5. Sur une surface de travail, placez une feuille de vigne à plat (côté nervuré vers le haut donc côté brillant vers le bas.

6. Garnissez chaque feuille avec une petite cuillerée de farce au centre de la feuille, repliez les côtés, puis roulez-la soigneusement comme un petit cigare. Répétez avec le reste des feuilles.

7. Dans une large casserole de cuisson, posez en rond les rondelles de pomme de terre. Disposez les feuilles de vigne farcies par-dessus, en les serrant bien les unes contre les autres. Superposez plusieurs couches si nécessaire.

8. Ajoutez le jus de citron, l'huile d'olive restante et la mélasse de Grenade. Recouvrez à hauteur suffisamment d'eau pour couvrir les feuilles. Couvrez avec une assiette pour les maintenir en place pendant la cuisson.

9. Portez à ébullition, puis réduisez le feu et laissez mijoter à couvert pendant environ de 45 minutes à 1 heure, jusqu'à ce que le riz soit cuit et les feuilles tendres.

10. Laissez refroidir à température ambiante ou placez au réfrigérateur pour servir frais, avec un filet de jus de citron supplémentaire.

Le yalanji est généralement servi en entrée ou comme plat principal léger, accompagné de pain pita ou d'autres mezzés. Il est apprécié pour son équilibre de saveurs acidulées et herbacées.

La Mouhamarrah comme à la maison

Pour 6 personnes

Indissociable des merveilles de la table Alepine la mouhammarah est un délice haut en couleur et en saveurs.

Ingrédients

50 G **CERNEAUX DE NOIX TORRÉFIÉS ET HACHÉS**

50 G **CROÛTONS DE PAIN OU DE BISCOTTES EN MORCEAUX**

125 ML **HUILE D'OLIVE**

3 **POIVRONS ROUGES GRILLÉS ÉPLUCHÉS ET ÉPÉPINÉS**

2 **GOUSSES AIL DÉGERMÉES ET ÉCRASÉES**

1 c. à soupe **MÉLASSE DE GRENADE**

1/2 c. à café **CUMIN EN POUDRE**

1/2 c. à café **PAPRIKA OU DE PIMENT DOUX EN POUDRE**

1 c. à soupe **SUCRE BRUN**

1/2 c. à café **SEL**

Préparation

1. Déposez dans le bol d'un robot, les poivrons grillés et tournez jusqu'à obtenir une pâte souple. Rajoutez les noix et les biscottes, faites tourner en pulsant lentement pour les réduire en petits morceaux mais pas en poudre.

2. Faites tourner le robot très lentement et rajoutez la mélasse de Grenade, la moitié de l'huile d'olive, le sucre, le piment doux et le cumin.

3. Versez le mélange dans une assiette de présentation Rajoutez le reste de l'huile d'olive.

4. Versez dans un plat de présentation, lissez et décorez de cerneaux de noix.

Parfaite pour un apéro, servie avec des morceaux de pain pitta grillés ou en accompagnement de viandes.

Potimarron cuisiné à la mélasse de Grenade

Toujours réconfortant, il mélange la douceur de la chair du potimarron à l'acidulé de la mélasse de Grenade dans une belle palette de couleurs automnales.

Ingrédients

500 G **POTIMARRON COUPÉ EN CUBES**

3 c. à soupe **MÉLASSE DE GRENADE**

1 c. à soupe **MIEL**

2 c. à soupe **HUILE D'OLIVE**

25 G **BEURRE**

1/2 c. à café **CANNELLE**

1 pincée **SEL**

50 G **CERNEAUX DE NOIX**

2 c. à soupe **GRAINES DE GRENADE**

Préparation

1. Épluchez le potimarron et coupez-le en cubes d'environ 2 à 3 cm.

2. Dans une grande poêle, faites chauffer l'huile d'olive et le beurre. Ajoutez les cubes de potiron et faites-les revenir pendant 10 minutes à feu moyen jusqu'à ce qu'ils commencent à ramollir et à dorer légèrement.

3. Versez la mélasse de grenade sur le potiron, puis saupoudrez de cannelle et ajoutez une pincée de sel. Ajoutez le miel. Mélangez bien pour enrober les morceaux de potiron de sauce. Transvasez dans un plat à four et séparez bien les morceaux de potimarron puis glissez au four chaud 180 degrés pendant 25 minutes, jusqu'à ce que le potimarron soit bien tendre.

4. Pendant ce temps, torréfiez les cerneaux de noix.

Servez le potimarron chaud, garni de cerneaux noix et de graines de grenade fraîches.

Viandes et mélasse de Grenade

Le Moussakhan

Plat palestinien traditionnel, le moussakhan, poulet mariné à la mélasse de Grenade et au sumac, s'est glissé sur toutes les tables festives levantines. Servi généreusement drapé de pain saj, c'est juste un véritable délice.

Ingrédients

1 POULET ENTIER COUPÉ EN MORCEAUX

2 GROS OIGNONS ÉMINCÉS

4 c. à soupe MÉLASSE DE GRENADE

2 c. à soupe SUMAC

4 c. à soupe HUILE D'OLIVE

1 c. à café CANNELLE

1 c. à café CUMIN MOULU

SEL ET POIVRE

5 PAINS PITA OU PAINS SAJ APPELÉ ÉGALEMENT MARKOUK

PIGNONS DE PIN GRILLÉS POUR GARNIR

Préparation

1. Commencez par préparer la marinade du poulet : Dans un grand bol, mélangez la mélasse de grenade, le sumac, l'huile d'olive, la cannelle, le cumin, le sel et le poivre. Ajoutez les morceaux de poulet et enrobez-les bien. Laissez reposer pendant au moins 2 heures.

2. Pendant ce temps, faites revenir les oignons émincés dans une poêle avec deux cuillères à soupe d'huile d'olive jusqu'à ce qu'ils soient bien caramélisés. Ajoutez une cuillère de mélasse de grenade et une pincée de sumac pour renforcer les saveurs.

3. Préchauffez le four à 180°C. Déposez les morceaux de poulet sur une plaque de cuisson et cuisez-les pendant environ 40 minutes, jusqu'à ce qu'ils soient bien dorés et cuits à cœur. Arrosez régulièrement avec les jus de cuisson.

4. Servez les morceaux de poulet sur des pains pita, garnis d'oignons caramélisés et de pignons de pin grillés. Arrosez avec un peu de mélasse de grenade supplémentaire avant de servir.

À la maison, une fois le poulet cuit et refroidi, je le désosse complètement et dépose la chair de poulet dans un saladier. Je la recouvre d'une rasade de mélasse de Grenade et je mélange bien. J'ouvre les pains Pita en deux et dépose deux cuillères de chair de poulet cuit assaisonné dans chacune. J'étale bien, je roule en crêpe et découpe en deux. Je pose ensuite sur un plat à four et glisse deux minutes sous le grill au four. Je le présente décoré d'une poignée de pignons et saupoudré d'un peu de sumac.

Agneau braisé à la mélasse de grenade

Pour 6 personnes

Plat riche et savoureux, souvent servi lors de repas festifs. La mélasse de grenade apporte à l'agneau une touche acidulée qui se marie parfaitement avec la richesse de sa chair.

Ingrédients

1 KG **ÉPAULE D'AGNEAU**

2 **OIGNONS ÉMINCÉS**

4 **GOUSSES D'AIL DÉGERMÉES ÉMINCÉES**

1 tasse **BOUILLON DE LÉGUMES OU DE POULET**

1/2 tasse **MÉLASSE DE GRENADE**

1 c. à soupe **MIEL**

1 c. à soupe **CUMIN MOULU**

1 c. à soupe **CORIANDRE MOULUE**

1 c. à café **CANNELLE**

1 c. à café **POIVRE DOUX DE JAMAÏQUE**

1 et 1/2 c. à café **SEL**

2 c. à soupe **HUILE D'OLIVE**

AMANDES GRILLÉES ET HERBES FRAÎCHES, PERSIL ET CORIANDRE POUR LA GARNITURE

Préparation

1. Dans une grande cocotte, chauffez l'huile d'olive à feu moyen. Faites revenir l'épaule d'agneau jusqu'à ce qu'elle soit bien dorée de tous les côtés. Retirez l'agneau et réservez.

2. Dans la même cocotte, ajoutez les oignons émincés et faites-les revenir jusqu'à ce qu'ils soient dorés. Ajoutez l'ail et cuisez encore une minute. Ajoutez le cumin, la coriandre, la cannelle et le poivre noir. Mélangez pendant une minute pour libérer les arômes des épices.

3. Remettez l'épaule d'agneau dans la cocotte. Ajoutez le bouillon et la mélasse de grenade. Portez à ébullition, puis réduisez le feu et laissez mijoter à feu doux pendant environ 2 heures, jusqu'à ce que l'agneau soit bien tendre et que la viande se détache facilement.

4. Retirez alors l'épaule d'agneau et laissez-la reposer pendant quelques minutes. Garnissez d'amandes grillées et d'herbes fraîches avant de servir avec un riz pilaf.

5. Présentez accompagné de la sauce de cuisson dans laquelle vous pouvez rajouter une rasade de mélasse de Grenade.

Le Fazenjan
Poulet aux noix et à la mélasse de Grenade

Pour 6 personnes

Poulet aux noix et à la mélasse de Grenade, le Fazenjan est un ragoût d'origine perse dont la recette m'avait était confiée par Amal El Zein, une adorable amie originaire du sud Liban qui me racontait que ce plat était toujours servi lors des grandes occasions festives dans sa famille. À chaque fois que je confectionne ce plat, j'ai une douce pensée pour elle. Le Fazenjan peut être préparé avec du poulet ou du canard, sa sauce onctueuse donne une saveur unique à la volaille.

Ingrédients

- 2 **CUISSES DE POULET**
- 750 G **BLANC DE POULET COUPÉS EN DÉS.**
- 200 G **CERNEAUX DE NOIX MOULUS MOYEN**
- 1 **OIGNON FINEMENT ÉMINCÉ**
- 3 c. à soupe **HUILE D'OLIVE**
- 1 c. à soupe **MIEL**
- 1 c. à café **CANNELLE MOULUE**
- 1 c. à café **CURCUMA MOULU**
- 1 c. à café **SEL MARIN**
- 1 c. à café **POIVRE DOUX DE JAMAÏQUE**
- 1 L **BOUILLON DE VOLAILLE**
- 50 G **GRAINES DE GRENADE**
- 1 **POIGNÉE DE FEUILLES DE PERSIL PLAT POUR DÉCORER**

Préparation

1. Commencez par torréfier légèrement les noix moulues à feu moyen, en les remuant constamment pour éviter qu'elles ne brûlent pendant 5 minutes. Réservez.

2. Dans une grande cocotte, faites revenir l'oignon haché dans l'huile d'olive sur feu moyen jusqu'à ce qu'il soit doré et translucide.

3. Ajoutez les morceaux de poulet, le curcuma, le sel et le poivre. Faites dorer le poulet de tous les côtés pendant 5 à 10 minutes. Une fois le poulet doré, ajoutez les noix moulues grillées et 750 ml de bouillon. Portez à ébullition, puis réduisez le feu et laissez mijoter doucement.

4. Après 30 minutes de cuisson, ajoutez la mélasse de grenade et la cannelle plus la cuillère à soupe de miel. Remettez sur feu très doux et laissez mijoter 45 minutes à feu doux, en remuant de temps en temps.

À l'arrivée, le Fazenjan doit être épais et la sauce doit réduire et enrober les morceaux de poulet.

5. Servez chaud, garni de quelques graines de grenade fraîches et de feuilles de persil plat. Accompagnez d'un bon riz basmati pilaf ou safrané pour un joli contraste de couleurs.

Daoud Bacha

Pour 6 personnes

Plat d'origine ottomane, l'histoire raconte qu'il était dédié à un des Wālis, préfets de l'époque qui s'appelait Daoud et qui réclamait à son cuisinier tous les jours ce plat dont il raffolait. Exilé au Caire, il forma les cuisiniers égyptiens à la confection de ce délice et ceux-ci, pour s'amuser, glissaient de temps en temps dans l'une des boulettes de viande une bague en argent en déclarant que celui qui la trouverait aurait de la chance toute l'année. L'histoire ne raconte pas combien de personnes l'ont avalée.

Ingrédients

200 G **VIANDE DE BŒUF (OU MOITIÉ BŒUF, MOITIÉ AGNEAU HACHÉ)**

3 c. à soupe **MÉLASSE DE GRENADE**

2 c. à soupe **HUILE D'OLIVE**

1 c. à café **SEL FIN**

1 c. à café **POIVRE DOUX DE JAMAÏQUE**

2 c. à café **CANNELLE MOULUE**

1 c. à café **CARDAMOME MOULUE**

1 c. à café **CHAPELURE**

1 **POIGNÉE DE PIGNONS DE PINS**

2 **OIGNONS ÉMINCÉS**

1 **ÉCHALOTE ÉMINCÉE**

2 **GROSSES TOMATES PELÉES PASSÉES AU TAMIS**

2 **GOUSSES D'AIL DÉGERMÉES ET ÉCRASÉES**

1 **BOTTE DE PERSIL PLAT FRAIS**

Préparation

1. Torréfiez les pignons. Réservez.

2. Mélangez à la main la viande, la chapelure, le sel, les épices et les échalotes émincées. Formez des boulettes de taille moyenne. Réservez.

3. Découpez les oignons en fines lamelles, émincez l'échalote et faites-les revenir avec l'huile d'olive dans la casserole. Rajoutez les épices puis les boulettes de viande et faites revenir pendant 5 à 10 min.

4. Ajoutez les tomates passées au tamis plus la mélasse de Grenade. Laissez mijoter le tout 15 à 20 min.

5. Saupoudrez de persil frais haché et décorez de pignons torréfiés.

Présentez avec un riz pilaf ou un riz au vermicelle à la mode levantine.

Saucisses cocktails à la mélasse de Grenade

Pour 6 personnes

Irrésistibles pour un mezze, elles peuvent réaliser une entrée toujours appréciée. L'idéal est de le réaliser avec des petites saucisses épicées à la levantine que vous pouvez trouver dans les épiceries orientales, mais le plat est savoureux avec de simples saucisses cocktails que vous trouverez partout.

Ingrédients

- 500 G **SAUCISSES COCKTAIL**
- 3 c. à soupe **MÉLASSE DE GRENADE**
- 2 **GOUSSES AIL DÉGERMÉES ET PILLÉES**
- 2 c. à soupe **SIROP D'ÉRABLE**
- 1 c. à soupe **HUILE D'OLIVE**
- 3 c. à soupe **PIGNONS TORRÉFIÉS**
- 40 G **GRAINES DE GRENADE**

Préparation

1. Mélangez dans un bol, la mélasse de grenade et le sirop d'érable.

2. Dans une grande poêle, faites chauffer l'huile d'olive à feu moyen. Ajoutez les saucisses et l'ail et faites-les dorer légèrement pendant environ 5 minutes, en les remuant de temps en temps.

3. Versez le mélange de mélasse de grenade sur les saucisses et réduisez le feu. Laissez cuire à feu doux pendant environ 10 minutes, en remuant de temps en temps, jusqu'à ce que la sauce épaississe et forme un glaçage brillant sur les saucisses.

4. Transférez les saucisses dans un plat de service. Saupoudrez de pignons torréfiés, de graines de grenade fraîches et présentez.

Les "Sfihah" de la Bekaa

Pour 6 personnes

Carrés de pâte farcis à la mélasse de Grenade. Spécialité de la région de la Bekaa, en particulier des villes d'Anjar et de Baalbeck. Absolument délicieux en entrée.

Ingrédients

POUR LA PÂTE :
500 G **FARINE DE BLÉ T55**
1 **SACHET DE LEVURE BOULANGÈRE SÈCHE**
45 ML **HUILE D'OLIVE**
1 c. à café **SEL**
225 ML **D'EAU**

Préparation

La pâte :
I. Mettez la farine en fontaine avec le sel. Diluez la levure dans 20 ml d'eau et une demi cuillère à café de sucre en poudre. Laissez reposer dix minutes puis versez dans la farine. Rajoutez l'huile d'olive et la moitié de l'eau en commençant à pétrir.
2. Rajoutez doucement le reste d'eau puis roulez la pâte, couvrez-la et laissez lever tranquillement à température ambiante deux heures.

Ingrédients

POUR LA FARCE :

500 G **VIANDE HACHÉE DE BŒUF OU D'AGNEAU (UN MÉLANGE DES DEUX EST SAVOUREUX)**

1 **OIGNON BLANC FINEMENT ÉMINCÉ**

3 **GOUSSES D'AIL DÉGERMÉES ET PILLÉES**

1/2 **BOTTE DE PERSIL PLAT ÉMINCÉE**

3 **TOMATES ÉPLUCHÉES, ÉPÉPINÉES ET COUPÉES EN DÉS**

3 c. à soupe **MÉLASSE DE GRENADE**

1 c. à soupe **LABNEH OU DE YAOURT GREC ÉPAIS**

JUS D'UN DEMI-CITRON JAUNE FRAIS FILTRÉ

1 c. à soupe **PIMENT D'ALEP OU DE PAPRIKA DOUX**

2 c. à café **POIVRE DOUX**

100 G **PIGNONS**

2 c. à soupe **HUILE D'OLIVE**

50 G **GRAINES DE GRENADE**

Préparation

La farce :

1. Faites revenir les oignons dans l'huile d'olive chaude jusqu'à ce qu'ils commencent à nacrer. Rajoutez la viande, les épices et continuez à remuer. Rajoutez les tomates en dés, la mélasse de Grenade, le labneh et le jus de citron et laissez cuire 10 minutes en remuant sur feu doux.

2. Rajoutez le persil et continuez à cuire encore 5 minutes en baissant le feu. Arrêtez la cuisson et laissez refroidir. Dorez les pignons dans une poêle à sec et réservez.

3. Préchauffez le four à 240°C.
Dégazez la pâte et étalez-la sur une épaisseur de 3 centimètres. Découpez des ronds de 10 cm de diamètre avec un bol retourné ou un cercle. Déposez dans chacun une belle cuillère à café de farce.

4. Fermez le chausson en imprimant fermement les dents d'une fourchette sur les bords du chausson pour bien les sceller.

5. Déposez sur une plaque à four sur un papier de cuisson. Dorez la surface avec un jaune d'œuf battu et glissez à four chaud 180°C pendant 20 minutes.

Le Kafta express à la mélasse de Grenade

Pour 6 personnes

Plat savoureux qui combine des boulettes de viande parfumées et la douce acidité de la mélasse de grenade. Voici une recette pour le préparer.

Ingrédients

500 G **VIANDE HACHÉE AGNEAU OU BŒUF, OU UN MÉLANGE DES DEUX**

1 **OIGNON FINEMENT ÉMINCÉ**

1 **BOUQUET DE PERSIL PLAT FINEMENT HACHÉ**

1 **GOUSSE D'AIL DÉGERMÉE ÉCRASÉE**

1 c. à café **CUMIN**

1 c. à café **CORIANDRE MOULUE**

1/2 c. à café **CANNELLE**

1 c. à café **SEL FIN**

1 c. à café **POIVRE DE JAMAÏQUE**

1 c. à soupe **CHAPELURE**

4 c. à soupe **MÉLASSE DE GRENADE**

1 c. à soupe **EAU FRAÎCHE**

1 c. à soupe **SUCRE BRUN**

1 c. à soupe **HUILE D'OLIVE**

50 G **GRAINES DE GRENADE**

Préparation

1. Dans un grand bol, mélangez la viande hachée avec l'oignon, le persil, l'ail, les épices, la chapelure, le sel et le poivre. Réservez.

2. Au bout d'une demi-heure, formez des petites boulettes de kafta de la taille d'une grosse cerise. Déposez-les dans une poêle huilée et mettez sur feu vif pendant 5 minutes pour les saisir de tous les côtés.

3. Rajoutez la mélasse de grenade, la cuillère d'eau et le sucre. Nappez bien les boulettes de la sauce en remuant légèrement.

Présentez dans un plat de service avec un riz pilaf et une salade verte.

Foies de volailles à la mélasse de Grenade

Pour 6 personnes

Un délice absolu, très simple et rapide à préparer.

Ingrédients

400 G **FOIES DE VOLAILLE (BIO DE PRÉFÉRENCE)**

3 c. à soupe **MÉLASSE DE GRENADE**

2 **ÉCHALOTES ÉMINCÉES**

2 **GOUSSES D'AIL DÉGERMÉES ET PILLÉES**

1 c. à soupe **MIEL TOUTES FLEURS**

1 c. à soupe **HUILE D'OLIVE**

1 c. à soupe **VINAIGRE BALSAMIQUE**

1 c. à café **CUMIN MOULU**

1 c. à café **CORIANDRE SÈCHE MOULUE**

SEL ET POIVRE

1 **POIGNÉE DE FEUILLES DE PERSIL FRAIS POUR DÉCORER**

Préparation

1. Nettoyez les foies de volaille en retirant délicatement les tendons et les nerfs, puis rincez-les sous l'eau froide et séchez-les avec du papier absorbant.

2. Dans une poêle, chauffez l'huile d'olive à feu moyen. Ajoutez l'oignon et l'ail, puis faites-les revenir jusqu'à ce qu'ils deviennent translucides.

3. Ajoutez ensuite les foies de volaille et faites-les dorer pendant 3 à 4 minutes de chaque côté, en les gardant légèrement rosés à l'intérieur pour qu'ils restent tendres.

4. Dans un bol, mélangez la mélasse de grenade, le vinaigre balsamique, le miel, la coriandre sèche et le cumin.

5. Versez ce mélange dans la poêle avec les foies et faites cuire à feu doux pendant 2 à 3 minutes, en remuant pour bien enrober les foies de la sauce. La sauce doit épaissir légèrement et caraméliser les foies.

Servez les foies de volaille chauds, garnis de persil frais avec un riz pilaf.

Desserts

mélasse de grenade pur bonheur

Baklawa à la mélasse de Grenade

Pour 6 personnes

Une variation délicieusement surprenante du traditionnel Baklawa avec un sirop à la mélasse de grenade qui, associé à l'eau de rose donne une note fruitée et acidulée.

Ingrédients

250 G **PÂTE FILO**

150 G **BEURRE FONDU**

200 G **NOIX (VOUS POUVEZ UTILISER AUSSI UN MÉLANGE DE PISTACHES, AMANDES ET NOIX)**

3 c. à soupe **MÉLASSE DE GRENADE**

100 G **MIEL**

2 c. à soupe **EAU DE ROSE**

Préparation

1. Préchauffez le four à 180°C.
Dans un bol, mélangez les noix hachées, la moitié du miel et 1 cuillère d'eau de rose, réservez.

2. Beurrez un plat et commencez à superposer les feuilles de filo en les badigeonnant de beurre fondu entre chaque couche.

3. A chaque 5 couches, ajoutez une partie du mélange de noix. Répétez l'opération jusqu'à épuisement des ingrédients.

4. Coupez en carrés avant la cuisson et enfournez pendant 25-30 minutes.

5. Pendant ce temps, mélangez la mélasse de grenade et le reste de miel à une cuillère d'eau de rose dans une petite casserole et faites chauffer légèrement pour obtenir un sirop.

6. Versez le sirop sur le baklawa chaud et laissez-le imbiber avant de servir.

Brownies au chocolat à la mélasse de Grenade

Pour 6 personnes

Ces petits gâteaux hyper addictifs offrent un contraste de saveurs très subtil.

Ingrédients

200 G **CHOCOLAT NOIR**

100 G **BEURRE**

100 G **SUCRE**

2 **ŒUFS**

80 G **FARINE**

2 c. à soupe **MÉLASSE DE GRENADE**

50 G **CERNEAUX DE NOIX HACHÉS**

1 c. à café **EXTRAIT DE VANILLE**

Préparation

1. Préchauffez le four à 180°C. Faites fondre au bain marie le chocolat et le beurre ensemble.
2. Dans un bol, mélangez le sucre, les œufs et la vanille, puis ajoutez le mélange chocolat-beurre fondu et les noix. Incorporez la farine, puis la mélasse de grenade.
3. Versez dans un moule à brownies et enfournez pendant environ 20-25 minutes.
4. Laissez refroidir avant de découper en carrés et de déguster.

Tarte caramel, mélasse de Grenade et noix

Pour 6 personnes

Surprenante, fondante et croustillante à souhait. Une tarte qui vous prend par le bout des papilles.

Ingrédients

200 G **FARINE DE BLÉ**

100 G **BEURRE**

50 G **SUCRE SEMOULE BLOND**

1 **ŒUF**

150 G **CERNEAUX DE NOIX HACHÉS**

100 G **SUCRE SEMOULE BLANC POUR LE CARAMEL**

2 c. à soupe **MÉLASSE DE GRENADE**

50 G **BEURRE**

2 c. à soupe **CRÈME LIQUIDE**

Préparation

1. Préparez la pâte en mélangeant la farine, le beurre, le sucre et l'œuf, puis laissez-la reposer au frais pendant 30 minutes.

2. Étalez-la dans un moule à tarte et faites-la cuire à blanc à 180°C pendant 15 minutes.

3. Dans une casserole, faites fondre le sucre et le beurre jusqu'à obtenir un caramel léger.

4. Ajoutez la crème liquide et la mélasse de grenade, puis incorporez les noix concassées.

5. Versez ce mélange sur la pâte précuite et remettez au four pendant 10 à 15 minutes.

6. Laissez refroidir avant de servir.

Cookies à la mélasse de Grenade

Pour 6 personnes

Ingrédients

150 G **BEURRE RAMOLLI**

100 G **SUCRE SEMOULE BRUN**

100 G **SUCRE SEMOULE BLANC**

1 **ŒUF**

3 c. à soupe **MÉLASSE DE GRENADE**

250 G **FARINE DE BLÉ TAMISÉE**

1 c. à café **LEVURE CHIMIQUE OU BAKING POWDER**

1/2 c. à café **CANNELLE MOULUE**

1/2 c. à café **GINGEMBRE MOULU**

1 pincée **SEL**

100 G **PÉPITES DE CHOCOLAT**

Préparation

1. Préchauffez votre four à 180°C et chemisez une plaque de cuisson avec du papier sulfurisé.

2. Dans un grand bol, mélangez au fouet le beurre ramolli avec le sucre brun et le sucre blanc jusqu'à ce que le mélange soit crémeux. Ajoutez l'œuf et la mélasse de grenade, et mélangez bien.

3. Dans un autre bol, tamisez ensemble la farine, la levure chimique, la cannelle, le gingembre et le sel. Incorporez progressivement le mélange beurre sucre, puis rajoutez les pépites de chocolat.

4. Prélevez des portions de pâte à l'aide d'une cuillère et formez des boules.

Déposez-les sur la plaque de cuisson en les espaçant légèrement, puis aplatissez-les un peu avec le dos d'une cuillère.

Faites cuire les cookies pendant 10 à 12 minutes, ou jusqu'à ce que les bords commencent à dorer légèrement.

5. Laissez refroidir quelques minutes sur la plaque avant de les transférer sur une grille pour qu'ils refroidissent complètement.

Crème Glacée à la mélasse de Grenade et aux noix

Pour 6 personnes

Un dessert délicat à préparer mais inoubliable une fois dégusté.

Ingrédients

500 ML **CRÈME LIQUIDE ENTIÈRE 35% DE MATIÈRES GRASSES**

200 ML **LAIT ENTIER**

100 G **SUCRE SEMOULE BLANC**

4 **JAUNES D'ŒUFS**

4 c. à soupe **MÉLASSE DE GRENADE**

100 G **NOIX GROSSIÈREMENT HACHÉES**

1 **PINCÉE DE SEL**

QUELQUES GOUTTES D'EXTRAIT DE VANILLE

Préparation

1. Commencez par préparer la crème anglaise. Mélangez dans une casserole le lait et la crème liquide. Chauffez à feu moyen jusqu'à ce que le mélange soit chaud, mais sans le porter à ébullition.

2. Dans un bol, fouettez les jaunes d'œufs avec le sucre jusqu'à ce que le mélange devienne pâle et légèrement mousseux.

3. Versez petit à petit tout en fouettant énergiquement un peu du mélange chaud de lait et de crème sur les jaunes d'œufs puis réversez le tout dans la casserole. Remettez la casserole sur feu doux et faites cuire en remuant constamment jusqu'à ce que le mélange épaississe légèrement et nappe le dos de la cuillère. Retirez du feu, puis ajoutez l'extrait de vanille.

4. Laissez la crème anglaise refroidir un peu, puis ajoutez la mélasse de grenade en remuant bien. La mélasse apportera une saveur acidulée et fruitée à la crème glacée.

5. Incorporez les cerneaux de noix hachés. Versez le mélange dans une sorbetière et faites turbiner jusqu'à obtention d'une texture crémeuse. Si vous n'avez pas de sorbetière, versez le mélange dans un récipient hermétique et placez-le au congélateur, en remuant toutes les 30 minutes pour briser les cristaux de glace jusqu'à ce que la crème glacée soit prise (environ 4 heures). *Servez la crème glacée garnie de noix supplémentaires ou d'un filet de mélasse de grenade pour une touche décorative.*

Sahtein

صحتين *

Table des recettes

Desserts

Texte : Noha Baz

Illustration de couverture: Florence Cointreau

Mise en page: Louay Daoust

Suivi éditorial : Hanane Moussa

ISBN : 978-2-3225-5891-9